Georgenes Medeiros

# Hackeie Qualquer Site:

Revelando os Segredos do Submundo Digital
Por: Grégoire Gentil

1

Edição
Português

# Hackeie Qualquer Site: Revelando os Segredos do Submundo Digital

**Tradução: Georgenes Medeiros**

1 Edição - Português

Defcon 11 – 2003 Edition - Alexis Park,
Las Vegas, USA

Grégoire Gentil
CEO and CTO of Twingo Systems

Ao ler este documento, a Parte Receptora concorda:

(i) manter em sigilo as Informações Proprietárias da Parte Divulgadora e tomar precauções razoáveis para proteger tais Informações Proprietárias (incluindo, sem limitação, todas as precauções que a Parte Receptora emprega em relação aos seus materiais confidenciais),

(ii) não divulgar tais Informações Proprietárias ou qualquer informação derivada delas a qualquer terceiro,

(iii) não fazer uso algum em momento algum de tais Informações Proprietárias, exceto para avaliar internamente sua relação com a Parte Divulgadora,

(iv) não copiar ou engenharia reversa de tais Informações Proprietárias e não exportar ou reexportar (nos termos das leis ou regulamentos de controle de exportação dos EUA ou de outros países) tais Informações Proprietárias ou produtos delas resultantes.

# Apresentação

"Bem-vindos ao lançamento explosivo de 'Hackeie Qualquer Site' Inspirado na obra de Defcon 11 – 2003 Edition - Alexis Park, Las Vegas, USA a conferência mais badalada do mundo da segurança cibernética! Prepare-se para uma jornada fascinante pelo submundo digital, onde segredos serão revelados e fronteiras serão quebradas."

"Conheça o autor por trás do livro revolucionário: Grégoire Gentil, CEO e CTO da Twingo Systems. Um visionário da segurança cibernética, Grégoire compartilha seu conhecimento e experiência neste guia definitivo para domar o mundo digital."

"Esta edição especial apresenta a tradução exclusiva de 'Hackeie Qualquer Site' por Georgenes Medeiros. Com sua experiência e conhecimento, Georgenes traz as nuances e insights do original para o público de língua portuguesa."

"Explore os segredos do hacking ético, técnicas de penetração, exploração de vulnerabilidades e muito mais neste livro abrangente. 'Hackeie Qualquer Site' é o seu guia essencial para se tornar um mestre da segurança online."

"Veja o que os especialistas estão dizendo: 'Hackeie Qualquer Site é uma obra-prima da segurança cibernética. Um recurso inestimável para profissionais e entusiastas.' - John D."

"Pronto para mergulhar no mundo do hacking ético e dominar as técnicas mais avançadas de segurança cibernética? Adquira sua cópia de 'Hackeie Qualquer Site' hoje mesmo e comece sua jornada rumo ao domínio digital!"

"Obrigado por se juntar a nós nesta jornada empolgante pelo mundo da segurança cibernética. Com 'Hackeie Qualquer Site', você está pronto para conquistar o mundo digital com confiança e expertise. Vamos hackear juntos!"

# Sobre o editor

Georgenes Medeiros é Brasileiro, Formado em Administração de empresas pela Faculdade Estácio de Sá. Iniciou na área de pesquisas para tradução, edição e publicação de conteúdos digitais em 2018. O livro foi baseado na Obra de Grégoire Gentil CEO and CTO of Twingo Systems que escreveu este trabalho em 2003.

O editor utiliza inteligência artificial para estudos, tradução e edição de conteúdos digitais para diversas plataformas e redes sociais. Sem intenção de plagio ou copias de conteúdos originais. A quem interessar fico a disposição para auxilio e trabalhos freelancer de obras, quanto aos direito autorais da edição, fica registrado em órgãos competentes da região onde foi originado.·.

# Sobre o Livro:

Você já se perguntou como os hackers conseguem acessar sites aparentemente seguros? Descubra os segredos mais sombrios do submundo digital com "Hackeie Qualquer Site". Este livro é um guia essencial para desvendar os mistérios da segurança cibernética e dominar as técnicas de hacking ético.

Do CEO e CTO da Twingo Systems, Grégoire Gentil, chega um livro que vai revolucionar sua maneira de pensar sobre a segurança online. Com insights profundos e estratégias infalíveis, você aprenderá a explorar vulnerabilidades, penetrar em sistemas protegidos e proteger seus próprios dados contra ameaças cibernéticas.

Traduzido por Georgenes Medeiros, esta edição exclusiva traz os segredos do hacking ético para o público de língua portuguesa. Prepare-se para mergulhar em um mundo de intriga, mistério e descobertas enquanto revelamos os segredos mais bem guardados da internet.

Não perca a chance de se tornar um mestre da segurança cibernética. Adquira sua cópia de "Hackeie Qualquer Site" agora mesmo e prepare-se para explorar o submundo digital como nunca antes. Está pronto para o desafio?

# INDICE:

# 1- Visão geral do ataque

## O que você pode fazer quando quer roubar dinheiro?

- Você pode atacar o banco...

• Mas tenha cuidado, a segurança pode ser rigorosa.

• Ou

Você pode atacar todos os clientes do banco.

# O que você pode fazer quando quer hackear um site?

• Você pode atacar o servidor...

Mas tenha cuidado, a segurança pode ser rigorosa.
Firewall, detecção de intrusões, antivírus...

• • Ou você pode atacar todos os clientes.

• Isso é o que vou te ensinar aqui.

# 2- Demonstrações

- Demo 1: Modificação dinâmica do conteúdo de uma página da web

  ☐ Modificar a página inicial de um site de mídia

## Explicação:

A modificação dinâmica do conteúdo de uma página da web refere-se à capacidade de alterar o conteúdo de uma página em tempo real, geralmente por meio de técnicas de programação do lado do cliente, como JavaScript. Essa técnica permite aos desenvolvedores web atualizar o conteúdo da página com base em diferentes variáveis, como ações do usuário, dados recebidos do servidor ou condições específicas do navegador.

## Exemplo:

Imagine um site de notícias que exibe sua página inicial com as últimas manchetes e artigos. Usando a modificação dinâmica do conteúdo, os desenvolvedores podem programar a página para atualizar automaticamente as manchetes e os destaques conforme novas notícias são publicadas. Por exemplo, quando um novo artigo é publicado, ele pode ser adicionado à página inicial sem que os usuários precisem recarregar a página. Isso cria uma experiência mais dinâmica e envolvente para os visitantes do site, mantendo-os informados sobre as últimas notícias em tempo real.

- Demo 2: Modificação dinâmica do Java Script de uma página da web

  ☐ Modificar as características da visualização de lista de um serviço de webmail

Explicação:

A modificação dinâmica do JavaScript de uma página da web refere-se à capacidade de alterar o código JavaScript que está sendo executado em uma página em tempo real. Isso pode ser feito injetando novos scripts, modificando os scripts existentes ou alterando as variáveis e funções do JavaScript para alterar o comportamento da página.

Exemplo:

Considere um serviço de webmail que permite aos usuários visualizar suas mensagens em uma lista. Usando a modificação dinâmica do JavaScript, os desenvolvedores podem ajustar as características da visualização da lista de acordo com as preferências do usuário. Por exemplo, eles podem adicionar opções de filtragem, ordenação ou agrupamento dinâmico de mensagens na lista de e-mails. Isso permite uma experiência personalizada para os usuários, onde eles podem ajustar a visualização da lista de acordo com suas necessidades específicas, tornando a interface do webmail mais flexível e adaptável às preferências individuais dos usuários.

# 3- Análise geral

## ESCOPO DA VULNERABILIDADE DE SEGURANÇA

• Requer Internet Explorer 4.0 e Windows 95 ou posterior
  ☐ O Google Zeitgeist (http://www.google.com/press/zeitgeist.html) mostra que mais de 90% das solicitações ao Google vêm do Windows - Internet Explorer

• Requer registro de DLL
  ☐ Um executável deve ser executado uma vez com privilégios de "Usuário comum"
  ☐ Muitas escalas de privilégio e execução de código a partir de uma página da web sem intervenção do usuário foram descobertas

• Como você verá através desta apresentação, o ataque é extremamente genérico e pode levar a muitos cenários maliciosos.

A vulnerabilidade de segurança discutida requer o Internet Explorer 4.0 e o Windows 95 ou posterior. O Google Zeitgeist mostra que mais de 90% das solicitações ao Google vêm do Windows - Internet Explorer.

Além disso, é necessário o registro de uma DLL e a execução de um executável com privilégios de "Usuário comum". Foram descobertas várias escalas de privilégio e execução de código a partir de uma página da web sem intervenção do usuário.

Conclui-se que o ataque é extremamente genérico e pode resultar em diversos cenários maliciosos.

Exemplificação do Escopo da Vulnerabilidade de Segurança:

1. Requer Internet Explorer 4.0 e Windows 95 ou posterior: Um invasor pode explorar a vulnerabilidade apenas em sistemas que executam o Internet Explorer 4.0 ou posterior e o Windows 95 ou versões mais recentes. Isso é relevante, pois o Google Zeitgeist revela que mais de 90% das solicitações ao Google são feitas a partir do Windows - Internet Explorer.

2. Requer registro de DLL: Para aproveitar a vulnerabilidade, é necessário registrar uma DLL maliciosa. Isso pode ser feito executando um arquivo com privilégios de "Usuário comum". Muitas escalas de privilégio e execução de código a partir de uma página da web sem intervenção do usuário foram descobertas, o que amplia o potencial de danos.

3. O ataque é extremamente genérico e pode levar a muitos cenários maliciosos: Esta vulnerabilidade é de natureza ampla e genérica, o que significa que pode ser explorada de várias maneiras para diversos fins maliciosos. Isso representa um risco significativo para a segurança dos sistemas afetados.

Softwares mal estruturados são muito mais propensos a terem problemas de segurança. Eles poderão ser utilizados para roubo de informações ou acesso a registros sigilosos do negócio por meio de suas vulnerabilidades.

Principais ameaças à segurança da informação nas empresas:
1- Ataques de phishing.
2- Malware.
3- Roubo de dados.
4- Ataques de negação de serviço (DDoS)
5- Engenharia social.

# VANTAGENS DO ATAQUE

• Nenhuma modificação no servidor-alvo é necessária.

• O ataque utiliza uma funcionalidade desenvolvida pelo Internet Explorer!
☐ A Microsoft fornece e suporta todas as ferramentas necessárias.

• A DLL instalada não pode ser detectada pelo antivírus. Esta é uma DLL padrão sem assinatura específica ou qualquer outra coisa.

• Você pode "personalizar" o ataque para todos os clientes.

• Você pode atacar apenas um cliente.

Exemplificação das Vantagens do Ataque:

1. Nenhuma modificação no servidor-alvo é necessária: Um invasor pode explorar uma vulnerabilidade no navegador do cliente sem precisar alterar nada no servidor da aplicação.

2. O ataque utiliza uma funcionalidade desenvolvida pelo Internet Explorer: O invasor pode aproveitar recursos nativos do Internet Explorer para executar o ataque, contando com o suporte fornecido pela Microsoft.

3. A DLL instalada não pode ser detectada pelo antivírus: Após a instalação da DLL maliciosa, ela pode passar despercebida pelos softwares antivírus, pois não possui assinatura específica que a identifique como maliciosa.

4. Personalização do ataque para todos os clientes: O invasor pode adaptar o ataque de acordo com as características e vulnerabilidades específicas de cada cliente, aumentando suas chances de sucesso.

5. Ataque direcionado a apenas um cliente: O invasor pode escolher atacar apenas um cliente específico, evitando ser detectado por medidas de segurança mais amplas que poderiam ser acionadas se o ataque fosse em larga escala.

# 4- Análise técnica

## APRESENTANDO OBJETOS AUXILIARES DO NAVEGADOR

• Implementado como uma DLL COM em processo e carregado pelo Internet Explorer.

• O navegador inicializa o objeto e solicita a ele uma determinada interface. Se essa interface for encontrada, o Internet Explorer usa os métodos fornecidos para passar seu ponteiro IUnknown para o objeto auxiliar.

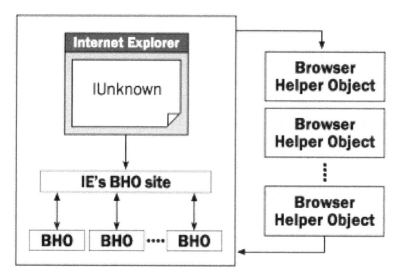

• Também implementado no Explorer.

• Veja o artigo de Dino Esposito "Objetos Auxiliares do Navegador: O Navegador do Jeito que Você Quiser" na MSDN.

# Resumo: Apresentando Objetos Auxiliares do Navegador

Os Objetos Auxiliares do Navegador são implementados como uma DLL COM em processo e são carregados pelo Internet Explorer. Quando o navegador inicializa o objeto, ele solicita uma interface específica. Se essa interface for encontrada, o Internet Explorer utiliza os métodos fornecidos para passar seu ponteiro IUnknown para o objeto auxiliar.

Exemplificação:

Quando um usuário acessa uma página da web utilizando o Internet Explorer, o navegador carrega automaticamente os Objetos Auxiliares do Navegador (BHOs) implementados como DLLs COM em processo.

Por exemplo, ao visitar um site, o Internet Explorer inicializa o objeto BHO correspondente àquela página. Em seguida, o navegador solicita uma interface específica do BHO para verificar se está disponível. Se essa interface for encontrada, o Internet Explorer utiliza os métodos fornecidos pelo BHO para passar seu ponteiro IUnknown para o objeto auxiliar.

Esse processo permite que o BHO interaja com o navegador, possibilitando a execução de ações desejadas, como manipular elementos da página ou capturar eventos de forma a complementar ou estender as funcionalidades do navegador.

# ACESSANDO A INTERFACE DO NAVEGADOR

The IObjectWithSite Interface: HRESULT
SetSite( IUnknown* pUnkSite )

⇒ Recebe o ponteiro IUnknown do navegador. A
implementação típica simplesmente armazenará esse
ponteiro para uso posterior.

```
HRESULT SetSite( IUnknown* pUnkSite )
{
if ( pUnkSite != NULL ) {
m_spWebBrowser2 = pUnkSite;if ( m_spWebBrowser2 ) {
// Connect to the browser in order to handle eventsif ( !
ManageConnection( Advise ) )
MessageBox( NULL, "Error", "Error", MB_ICONERROR );
}
}
return S_OK;
}
```

# OBTENDO OS EVENTOS DO NAVEGADOR

- • A interface IConnectionPoint:
  HRESULT Connect( void )

  ☐ Para interceptar os eventos disparados pelo navegador, o BHO precisa se conectar a ele por meio de uma interface IConnectionPoint e passar a tabela IDispatch das funções que lidarão com os diversos eventos.

```
HRESULT Connect( void )
{
HRESULT hr;
CComPtr<IConnectionPoint> spCP;
// Receives the connection point for WebBrowser events
hr = m_spCPC->FindConnectionPoint(
DIID_DWebBrowserEvents2, &spCP );if ( FAILED( hr ) )
return hr;

// Pass our event handlers to the container. Each time an
event occurs
// the container will invoke the functions of the IDispatch
interface we implemented
hr = spCP->Advise( reinterpret_cast<IDispatch*>(this),
&m_dwCookie );
return hr;
}
```

# ACESSANDO O OBJETO DOCUMENT

```
STDMETHODIMP Invoke( DISPID
dispidMember, REFIID riid, LCID lcid,
WORD wFlags, DISPPARAMS*
pDispParams, VARIANT* pvarResult,
EXCEPINFO* pExcepInfo, UINT*
puArgErr )
{
CComPtr<IDispatch> spDisp;
if ( dispidMember == DISPID_DOCUMENTCOMPLETE ) {
m_spWebBrowser2 = pDispParams->rgvarg[1].pdispVal;
CComPtr<IDispatch> pDisp;
HRESULT hr = m_spWebBrowser2->get_Document( &pDisp
);if ( FAILED( hr ) ) break;
CComQIPtr<IHTMLDocument2, &IID_IHTMLDocument2>
spHTML;spHTML = pDisp;
if ( spHTML ) {
// Get the BODY object CComPtr<IHTMLElement>
m_pBody; hr = spHTML->get_body( &m_pBody );
// Get the HTML text BSTR bstrHTMLText;
hr = m_pBody->get_outerHTML( &bstrHTMLText );
// Get the URL CComBSTR url;
m_spWebBrowser2->get_LocationURL( &url );
}
}
return S_OK;
}
```

# REGISTRANDO E INSTALANDO O COMPONENTE

Register the DLL (regsvr32.exe myBHO.dll for instance) and create a key in HKEY_LOCAL_MACHINE\SOFTWARE\Microsoft \Windows\CurrentVersion\Explorer\BrowserHelper Objects with the GUID of the component

☐ A próxima instância do Internet Explorer carregará automaticamente o BHO

Registre a DLL (por exemplo, regsvr32.exe myBHO.dll) e crie uma chave em HKEY_LOCAL_MACHINE\SOFTWARE\Microsoft\Windows\ CurrentVersion\Explorer\Browser Helper Objects com o GUID do componente.

Dessa forma, a próxima vez que o Internet Explorer for iniciado, ele carregará automaticamente o BHO registrado, permitindo que ele interaja com o navegador e execute as funções designadas sem a necessidade de intervenção do usuário.

Exemplo:

Um invasor cria um Browser Helper Object (BHO) malicioso chamado "MyBHO.dll" e o registra no sistema da seguinte maneira: ele executa o comando "regsvr32.exe myBHO.dll" no prompt de comando. Isso registra a DLL no sistema operacional.

Em seguida, o invasor cria uma chave no registro do Windows em HKEY_LOCAL_MACHINE\SOFTWARE\Microsoft\Windows\ CurrentVersion\Explorer\Browser Helper Objects com o GUID (identificador único global) do BHO. Isso é feito para que o Internet Explorer reconheça e carregue automaticamente o BHO quando for iniciado.

Assim, na próxima vez que o Internet Explorer for aberto, o BHO malicioso será carregado sem a necessidade de intervenção do usuário. Isso permite que o BHO interaja com o navegador e execute as funções designadas pelo invasor, como monitorar a atividade do usuário, exibir anúncios indesejados ou redirecionar o tráfego da web para sites maliciosos.

# 5 - Como se defender?

## ALGUMAS DEFESAS POSSÍVEIS

• Desativar todos ou selecionar BHOs instalados no cliente

☐ Simplesmente enumerar os BHOs do registro e analisar as informações da DLL (veja o código no CD do DefCon))

```
HKEY hkey;
TCHAR szPath =
"SOFTWARE\\Microsoft\\Windows\\CurrentVersion\\Explorer
\\Browser Helper Objects";If ( RegOpenKey(
HKEY_LOCAL_MACHINE, szPath, &hkey ) ==
ERROR_SUCCESS ) {
TCHAR szGUID[255];
LONG ret = RegEnumKey( HKEY_LOCAL_MACHINE, 0,
szGUID, 255 );
Int i = 0;
while ( ( ret != ERROR_NO_MORE_ITEMS ) && ( ret ==
ERROR_SUCCESS ) ) {
// You have the BHO GUID in szGUID
ret = RegEnumKey ( HKEY_LOCAL_MACHINE, i, szGUID,
255 );i++;
}
}
```

Principal desvantagem: Bastante doloroso, já que os BHOs às vezes podem ser úteis.

☐ O plug-in do Acrobat é um BHO, a barra de ferramentas do Google usa BHO, ...

Exemplificação:

A principal desvantagem é que pode ser bastante complicado, já que os BHOs às vezes podem ser úteis. Por exemplo, o plug-in do Acrobat é um BHO que permite visualizar e interagir com documentos PDF dentro do navegador.

Além disso, a barra de ferramentas do Google utiliza BHOs para fornecer funcionalidades adicionais de pesquisa e navegação na web. Portanto, desativar todos os BHOs pode resultar na perda de funcionalidades valiosas e na experiência do usuário.

A principal desvantagem é que pode ser bastante complicado, pois os BHOs às vezes podem ser úteis. Por exemplo, o plug-in do Acrobat é um BHO que permite visualizar e interagir com documentos PDF dentro do navegador, facilitando a leitura e manipulação de arquivos PDF sem a necessidade de abrir um aplicativo separado.

A barra de ferramentas do Google utiliza BHOs para fornecer funcionalidades adicionais de pesquisa e navegação na web, como sugestões de pesquisa, acesso rápido a serviços do Google e bloqueio de pop-ups indesejados. Portanto, desativar todos os BHOs pode resultar na perda de funcionalidades valiosas e na experiência do usuário, tornando a navegação menos eficiente e conveniente.

# ALGUMAS OUTRAS DEFESAS POSSÍVEIS

• A Microsoft poderia melhorar o suporte a BHO nas próximas versões do Internet Explorer

☐ Criar uma tag <disableBHO> para desativar todos os BHOs para uma determinada página da web

☐ Implementar um sistema de autenticação para desativar apenas os BHOs não aprovados (implementação de uma tag <disableNonApprovedBHO>)

Resumo:

A Microsoft poderia aprimorar o suporte aos BHOs nas próximas versões do Internet Explorer, implementando medidas como criar uma tag <disableBHO> para desativar todos os BHOs em uma página da web específica.

Além disso, poderia ser implementado um sistema de autenticação para desativar apenas os BHOs não aprovados, utilizando uma tag <disableNonApprovedBHO>. Essas medidas contribuiriam para aumentar a segurança e o controle sobre os BHOs, garantindo uma melhor experiência de navegação para os usuários.

Exemplo:

Suponha que a Microsoft lance uma nova versão do Internet Explorer com suporte aprimorado para BHOs. Nessa versão, os desenvolvedores têm a opção de incluir uma tag <disableBHO> em suas páginas da web para desativar todos os BHOs carregados durante a renderização da página. Isso oferece aos usuários maior controle sobre os complementos que estão sendo executados em seus navegadores, especialmente em ambientes onde a segurança é uma preocupação.

Além disso, a Microsoft introduz uma nova funcionalidade de autenticação que permite desativar apenas os BHOs não aprovados. Os administradores podem configurar uma lista de BHOs permitidos e usar a tag <disableNonApprovedBHO> para impedir que BHOs não autorizados sejam carregados. Isso ajuda a prevenir a execução de complementos maliciosos e oferece uma camada adicional de segurança para os usuários do Internet Explorer.

Essas melhorias contribuem significativamente para aumentar a segurança e o controle sobre os BHOs, proporcionando uma experiência de navegação mais segura e confiável para os usuários do Internet Explorer.

# 6- Conclusão

• O ataque pode ser seletivo, personalizado
☐ O malicioso pode se conectar a um site externo e baixar informações específicas

• Você não deve confiar no que vê (especialmente se este não for o seu computador)

• Use o BHOWatcher para verificar regularmente os BHOs instalados no seu computador

Resumo:

- O ataque pode ser seletivo e personalizado, permitindo que o invasor se conecte a um site externo e baixe informações específicas conforme necessário.

- É importante não confiar cegamente no que é exibido na tela, especialmente se o computador não for de sua propriedade, pois pode estar comprometido por malware ou outras ameaças.

- Uma medida de segurança recomendada é utilizar o BHOWatcher para verificar regularmente os Browser Helper Objects (BHOs) instalados no computador, identificando possíveis ameaças ou atividades maliciosas que possam comprometer a segurança do sistema.

Exemplo:

Imagine que um invasor esteja realizando um ataque direcionado a uma empresa concorrente. Ele personaliza seu ataque, conectando-se a um site externo controlado por ele e baixando informações confidenciais específicas sobre os planos de negócios da empresa-alvo.

Enquanto isso, um usuário em um café público acessa um site que parece ser legítimo, mas na verdade é uma página falsa projetada para roubar informações de login. Como o usuário não desconfia da autenticidade da página, ele insere suas credenciais de login, que são imediatamente capturadas pelo invasor.

Para evitar tais cenários, é essencial que os usuários não confiem cegamente no que veem na tela do computador. Eles devem estar cientes dos riscos associados à navegação na internet, especialmente em computadores públicos ou não confiáveis.

Além disso, é recomendável utilizar ferramentas de segurança, como o BHOWatcher, para verificar regularmente os Browser Helper Objects (BHOs) instalados no computador. Isso ajuda a identificar possíveis ameaças ou atividades maliciosas, protegendo assim a segurança do sistema contra invasões e ataques.

# 7- Perguntas e Respostas

• Se você tiver alguma pergunta, deixe um review do livro, teremos o imenso prazer em responder.

Hackeie Qualquer Site
Revelando os Segredos do Submundo Digital
Tradução: Georgenes Medeiros
Primeira Edição - Português


**Defcon 11 – 2003 Edition - Alexis Park,
Las Vegas, USA**

**Grégoire Gentil
CEO and CTO of Twingo Systems**

Direitos autorais © 2024